BEI GRIN MACHT SICH IHR WISSEN BEZAHLT

AF151453

- Wir veröffentlichen Ihre Hausarbeit, Bachelor- und Masterarbeit

- Ihr eigenes eBook und Buch - weltweit in allen wichtigen Shops

- Verdienen Sie an jedem Verkauf

Jetzt bei www.GRIN.com hochladen und kostenlos publizieren

Stefan Walther

Der Einfluss von SEPA auf das deutsche Bankensystem

GRIN Verlag

Bibliografische Information der Deutschen Nationalbibliothek:

Die Deutsche Bibliothek verzeichnet diese Publikation in der Deutschen National-
bibliografie; detaillierte bibliografische Daten sind im Internet über http://dnb.d-
nb.de/ abrufbar.

Impressum:

Copyright © 2011 GRIN Verlag GmbH
Druck und Bindung: Books on Demand GmbH, Norderstedt Germany
ISBN: 978-3-640-97995-0

Dieses Buch bei GRIN:

http://www.grin.com/de/e-book/176586/der-einfluss-von-sepa-auf-das-deutsche-
bankensystem

GRIN - Your knowledge has value

Der GRIN Verlag publiziert seit 1998 wissenschaftliche Arbeiten von Studenten, Hochschullehrern und anderen Akademikern als eBook und gedrucktes Buch. Die Verlagswebsite www.grin.com ist die ideale Plattform zur Veröffentlichung von Hausarbeiten, Abschlussarbeiten, wissenschaftlichen Aufsätzen, Dissertationen und Fachbüchern.

Besuchen Sie uns im Internet:

http://www.grin.com/

http://www.facebook.com/grincom

http://www.twitter.com/grin_com

Der Einfluss von SEPA auf das deutsche Bankensystem

Seminararbeit

im Rahmen des Hauptseminars
"E-Finance"

am
Lehrstuhl für Betriebswirtschaftslehre,
Finanzierung und Banken
Universität Potsdam

eingereicht von:

Stefan Walther

Potsdam, 20. Juni 2011

Inhaltsverzeichnis

Abbildungsverzeichnis

Abkürzungsverzeichnis

AGB .... Allgemeine Geschäftsbedingungen

BdB .... Bundesverband deutscher Banken

BMJ .... Bundesministeriums der Justiz

BVR .... Bundesverband der Deutschen Volksbanken und Raiffeisenbanken

DSGV .... Deutscher Sparkassen- und Giroverband

DZ Bank .... Deutsche Zentral-Genossenschaftsbank

EBA .... Euro Banking Association

EFMA .... European Financial Management and Marketing Association

EG .... Europäische Gemeinschaft

EPC .... European Payments Council

EU .... Europäische Union

EU-PreisVO .... EU-Preisverordnung

EWR .... Europäischer Wirtschaftsraum

EZB .... Europäische Zentralbank

IBAN .... International Bank Account Number

ISO .... International Organization for Standardization

IT .... Informationstechnik

PSD .... Payment Services Directive

RBS .... Royal Bank of Scotland

SCF .... SEPA Cards Framework

SCT .... SEPA Credit Transfer

SDD .... SEPA Direct Debit

SECA .... Single Euro Cash Area

SEPA .... Single Euro Payments Area

VÖB .... Bundesverband Öffentlicher Banken Deutschlands

WestLB .... Westdeutsche Landesbank Girozentrale

WGZ Bank .... Westdeutsche Genossenschafts-Zentralbank

ZV .... Zahlungsverkehr

1. Einleitung

Im Euroraum werden arbeitstäglich mehr als 210 Millionen Zahlungsverkehrs-Transaktionen getätigt.[1] Zugleich ist der Markt für unbare Zahlungen in Europa auch nach der Währungsunion stark fragmentiert. Zu den etwa 25 verschiedenen nationalen Zahlungsverkehrssystemen kommen noch einmal doppelt so viele Zahlungsformate.[2] Das Ergebnis dieser Koexistenz und der mangelnden Interoperabilität sind höhere Kosten für Anbieter und Nutzer.[3] Die Gesamtaufwendungen für Zahlungen innerhalb des Eurosystems wurden 2007 auf drei Prozent des Bruttosozialproduktes des europäischen Wirtschaftsraumes (EWR) taxiert.[4] Folglich hat die Europäische Kommission die Integration des Zahlungsverkehrsmarktes als notwendigen Schritt für die Vollendung des EU-Binnenmarktes identifiziert.[5]

Die Einführung der SEPA-Überweisung im Januar 2008 war gleichzeitig der Beginn des einheitlichen Euro-Zahlungsverkehrsraumes (kurz SEPA, für "Single Euro Payments Area").[6] Dieser harmonisiert die Zahlungsformate, -instrumente und technischen Standards für auf Euro lautende Zahlungen in Europa. Er soll als Katalysator für Wettbewerb und Innovationen in den beteiligten Volkswirtschaften wirken. Als zentraler Baustein auf dem Weg zu einem integrierten Zahlungsverkehrsmarkt ist die SEPA gleichzeitig ein komplexes Großprojekt mit unzähligen Akteuren aus verschiedenen Nationen und mit unterschiedlichsten Interessen. Hinzu kommen erhebliche Umstellungskosten und Anlaufverluste bei kaum zu prognostizierenden Ergebnisbeiträgen für die Kreditinstitute.[7] Insofern birgt das "Jahrhundertprojekt"[8] SEPA für den Bankensektor neben Chancen vor allem erhebliche Herausforderungen.

Das Ziel der Arbeit ist es daher sowohl einen Überblick über den aktuellen Stand der Migration zu erarbeiten als auch deren Auswirkungen auf die deutsche Bankenbranche zu analysieren. Ferner sollen mögliche Strategien als Reaktion auf den einheitlichen Euro-Zahlungsverkehrsraum an konkreten Beispielen betrachtet werden.

---

[1] Vgl. Deutsche Bundesbank (2011a), S. 2.
[2] Vgl. Steinbach/Syrbe (2008), S. 74.
[3] Vgl. Europäische Kommission (2005), S. 5.
[4] Vgl. Brandt/Knopf (2007), S. 56.
[5] Vgl. Europäische Zentralbank (2011b), S. 3.
[6] Vgl. Flommer (2010), S. 606.
[7] Vgl. Deutsche Bundesbank (2011b), S. 3.
[8] Bundesverband deutscher Banken (2011), S. 13.

Um zu einem Ergebnis zu gelangen, gliedert sich die Arbeit in drei Teile. In Kapitel 2 werden zunächst die theoretischen Hintergründe kurz erläutert. Neben einer Einführung in die Entwicklung des Auslandszahlungsverkehrs wird auf die Ziele, Instrumente und aktuellen Herausforderungen des einheitlichen Zahlungsverkehrsraumes eingegangen. Die Auswirkungen auf das deutsche Bankensystem werden im 3. Kapitel analysiert. An dieser Stelle werden sowohl die Bedeutung der SEPA für den Markt der Zahlungsverkehrsdienstleistungen als auch die Folgen für die Geschäftsergebnisse der Kreditinstitute thematisiert. Im darauf folgenden 4. Kapitel stehen schließlich mögliche Ansatzpunkte zum erfolgreichen Umgang mit den herausgearbeiteten Änderungen im Mittelpunkt.

2. Theoretische Grundlagen von SEPA

Um das gemeinsame Ziel, die Harmonisierung des bargeldlosen Zahlungsverkehrs (ZV) in Europa, zu erreichen, arbeiten die europäische Bankenbranche – seit 2002 zu diesem Zweck zusammengeschlossen im European Payments Council (EPC) – die Europäische Zentralbank (EZB), die nationalen Notenbanken und die EU-Kommission zusammen.[9] Im Zuge dessen hat sich die Kreditwirtschaft im Rahmen der Selbstregulierung verpflichtet, europaweit effiziente und einheitliche Zahlungsverfahren anzubieten.[10] Gesetzgeber und Notenbanken stehen hingegen vorrangig in der Pflicht, die notwendigen (rechtlichen) Rahmenbedingungen zu schaffen.[11] Nichtsdestotrotz bleibt SEPA ein primär politisch gewolltes Projekt.[12] Die Hintergründe dieser Konstellation und die Entwicklung des einheitlichen Euro-Zahlungsverkehrsraums bis zum Status quo sollen im folgenden Unterkapitel skizziert werden.

2.1 Entwicklung des Auslandszahlungsverkehrs in Europa

Im Jahr 2000 verpflichteten sich die EU-Regierungsvertreter in der "Lissabon-Agenda" dazu, die Europäische Union (EU) bis 2010 zum wettbewerbsfähigsten Markt der Welt zu entwickeln.[13] Diese Vision sollte über einen einheitlichen Binnenmarkt sowie integrierte Finanzmärkte erreicht werden.[14] Im selben Jahr, in dem das Euro-Bargeld eingeführt wurde, gab die europäische Bankenbranche ihr Weißbuch mit der Überschrift "Euroland: Our Single Pay-

---

[9] Vgl. Dippel et al. (2008), S. 1.
[10] Vgl. Flommer (2010), S. 606.
[11] Vgl. Deutsche Bundesbank (2011a), S. 2.
[12] Vgl. Martin (2009), S. 40.
[13] Vgl. Brandt/Knopf (2007), S. 60.
[14] Vgl. Dippel et al. (2008), S. 2.

ment Area!" heraus.[15] In diesem bekannte sie sich zur Harmonisierung des EU-Zahlungsverkehrsmarktes.[16] Wenige Monate zuvor hatte die Europäische Kommission mit der so genannten "EU-Preisverordnung" (EU-PreisVO) den Druck auf die Kreditwirtschaft erhöht.[17] Für grenzüberschreitende Transaktionen bis zu einem bestimmten Betrag durfte nun nur noch das für entsprechende nationale Zahlungen übliche Entgelt berechnet werden. Darüber hinaus wurden die Gebühren für Kartenzahlungen und Bargeldabhebungen reguliert.[18]

Zwei Jahre nach dem offiziellen Start des SEPA-Projektes veröffentlichte das EPC im Jahre 2004 die "SEPA-Roadmap", im Rahmen derer die Erreichung einer für einen rentablen Betrieb der zu implementierenden Systeme kritischen Masse frühestens für 2010 avisiert wurde.[19] Weiterhin wurden die durch die jeweiligen nationalen Bankensysteme zu leistenden Arbeitsschritte abgegrenzt. Für Deutschland übernahm das vom Zentralen Kreditausschuss

Einführung des Euro-Buchgeldes	01/1999	
EU: Forderung nach ZV-Modernisierung in "Lissabon-Agenda"	03/2000	
Einführung des Euro-Bargeldes	01/2002	
Gründung EPC, somit Start des SEPA-Projektes	06/2002	Start-Phase
EU-Verordnung Nr. 2560/2001 ("EU-PreisVO")	07/2002	
Veröffentlichung der SEPA-Roadmap des EPC	12/2004	Design-Phase
Verabschiedung 1. bindender Rulebooks	03/2006	
Gründung des "Deutschen SEPA-Komitees"	09/2006	Implementations-Phase
EU-Richtlinie 2007/64/EG ("Payment Service Directive")	11/2007	
Einführung der SEPA Überweisung und SEPA für Karten	01/2008	
EU-Verordnung Nr. 924/2009	10/2009	
Einführung der SEPA-Lastschrift	11/2009	Migrations-Phase
Pflicht zur Einlösung von SEPA-Lastschriften	10/2010	
Entwurf EU-Verordnung mit gesetzlichem Enddatum	12/2010	
Ausschließlich SEPA-fähige Karten (mit Chip) im Umlauf	01/2011	
Voraussichtliches Enddatum nationale Überweisung	02/2013	Zukünftige Meilensteine
Voraussichtliches Enddatum nationale Lastschrift	02/2014	

Abbildung 1: Ausgewählte Meilensteine auf dem Weg zur SEPA.
Quelle: Eigene Darstellung.

---

[15] Vgl. Europäische Zentralbank (2011b), S. 2.
[16] Vgl. Lammer/Pammer (2006), S. 143 f.
[17] Die EU-Verordnung Nr. 2560/2001 wurde im Dezember 2001 verabschiedet und trat im Juli 2002 in Kraft.
[18] Vgl. Steinbach/Syrbe (2008), S. 77.
[19] Vgl. Flommer (2010), S. 606.

gegründete "Deutsche SEPA-Komitee" die Koordination dieser Arbeiten (Überblick über die Struktur und Zusammensetzung im Anhang auf S. 22).

Im Anschluss wurden auf EU-Ebene zahlreiche Richtlinien mit Bezug zur SEPA erlassen. Auch die europäische Kreditwirtschaft vereinbarte unterschiedliche Interbanken-Regelungen. Zu Gunsten einer besseren Fokussierung soll an dieser Stelle jedoch auf eine ausführliche Erläuterung aller gesetzlichen Veränderungen verzichtet werden.[20] Die letzten rechtlichen Hürden auf dem Weg zum einheitlichen Euro-Zahlungsverkehrsraum wurden mit der EU-Richtlinie für Zahlungsdienstleistungen (2007/64/EG), der so genannten "Payment Services Directive" (PSD), beseitigt.[21] Die Regelungen betreffen währungsunabhängig sowohl grenzüberschreitende als auch nationale Zahlungen mittels Überweisung, Lastschrift oder Karte. Sie adressieren insbesondere den Marktzugang, Mindestinformationspflichten sowie allgemeine Rechte und Pflichten, etwa zu maximalen Ausführungsfristen, der Nutzer und Anbieter von ZV-Dienstleistungen.[22] Die EU-Verordnung Nr. 924/2009, welche die PSD im Jahr 2009 in nationales Recht umsetzte, löst zugleich auch die bisherige EU-PreisVO ab und bildet nunmehr den europaweit einheitlichen Rechtsrahmen für SEPA.

Nahezu zwei Jahre nach dem Start von SEPA für Überweisungen und Karten konnte ab November 2009 auch mit der SEPA-Lastschrift gezahlt werden. Der Grund für den Verzug lag in der zögerlichen Umsetzung der PSD in nationales Recht.[23] Bis zum Beginn des harmonisierten Lastschriftverfahrens hatten lediglich 15 von 30 Staaten die Richtlinie umgesetzt (siehe Anhang, S. 23).

Ungeachtet dessen sind inzwischen wesentliche Meilensteine erreicht. Seit gut anderthalb Jahren ist beispielsweise die Annahme von SEPA-Lastschriften für alle Banken verpflichtend. Mit dem Jahreswechsel 2011 gibt es in der EU keine gültigen ZV-Karten ohne Chip mehr. Insgesamt nehmen bereits gut 4.400 Banken am einheitlichen Euro-Zahlungsverkehrsraum teil.[24] Dennoch ist SEPA noch nicht Realität.[25] Die dafür zu überwindenden Herausforderungen werden – neben den Zielen und Instrumenten des zukünftigen ZV-Binnenmarktes – im nächsten Unterkapitel thematisiert.

---

[20] Dem interessierten Leser sei diesbezüglich Steinbach/Syrbe (2008), S. 82 f. sowie Europäische Zentralbank (2011c) empfohlen.
[21] Vgl. Europäische Zentralbank (2010), S. 9.
[22] Vgl. Deutsche Bundesbank (2011a), S. 7.
[23] Vgl. Capgemini/RBS/EFMA (2011), S. 24.
[24] Vgl. Europäische Zentralbank (2011c).
[25] Vgl. ders. (2011b), S. 2.

2.2 Zielsetzung, Instrumente und aktuelle Herausforderungen

Die beschriebenen Entwicklungen und die mit ihnen einhergehenden Veränderungen im (Auslands-)Zahlungsverkehr betreffen nicht nur grenzüberschreitende Transaktionen, sondern verändern auch den nationalen Zahlungsverkehr.[26] Nach der vollständigen Migration sollen Bürger und Unternehmen Zahlungen im gesamten Euroraum so effizient, kostengünstig und sicher wie in ihrem Heimatland abwickeln können. Die Vision der EU-Kommission ist es folglich, Europa zu einem vollständig integrierten inländischen ZV-Raum zu entwickeln.[27] Ausgehend von diesen Rahmenbedingungen wird eine Belebung des Wettbewerbs und mithin ein Beitrag zur Verwirklichung der Agenda von Lissabon, also der Förderung der gesamten europäischen Wirtschaft, prognostiziert. Die erhöhte Markttransparenz, etwa durch Mindest-informationspflichten in der PSD, neue ZV-Produkte und -Dienstleistungen, die erhoffte Konsolidierung des Zahlungsverkehrs-Marktes und die kürzeren Ausführungsfristen, sowie die sich insgesamt ergebende höhere Effizienz lassen insbesondere deutliche Kostenvorteile für die Nutzer der ZV-Systeme erwarten.[28] Darüber hinaus argumentiert die EU mit einer durch einen einheitlichen Binnenmarkt ausgelösten automatischen Steigerung des grenzüberschreitenden Wirtschaftsgeschehens.[29] Analog der Schätzung, dass sich der Handel innerhalb der Währungsunion aufgrund der Euro-Einführung um 5 bis 15 Prozent erhöht hat,[30] beziffert die EU-Kommission die als Folge der Migration auf SEPA realisierbaren Wohlfahrtsgewinne auf circa 123 Mrd. Euro.[31]

Um diese Ziele zu erfüllen, wurden standardisierte SEPA-Instrumente entwickelt. Diese stehen den Marktteilnehmern seit zwei bis drei Jahren zur Verfügung. So wurde neben der einheitlichen Euro-Überweisung für den Massenzahlungsverkehr auch ein neues Zahlungsinstrument, die so genannte SEPA-Lastschrift, geschaffen.[32] Damit ist erstmals die länderübergreifende Einreichung von Lastschriften möglich. Neben dem Basisverfahren, welches der bisherigen deutschen Einzugsermächtigung ähnelt, existiert zusätzlich eine mit dem Abbuchungsauftrag vergleichbare Firmenkundenvariante.[33] Schließlich sollen Karteninhaber im gesamten Währungsraum mit ihrer Karte Zahlungen veranlassen können und die Kosten für

---

[26] Vgl. Deutsche Bundesbank (2006), S. 20.
[27] Vgl. Lammer/Pammer (2006), S. 145.
[28] Vgl. Bolt/Schmiedel (2011), S. 64 und Deutsche Bundesbank (2006), S. 6.
[29] Vgl. Dippel et al. (2008), S. 3.
[30] Vgl. Europäische Zentralbank (2011b), S. 3.
[31] Vgl. Flommer (2010), S. 606.
[32] Vgl. Möller (2008), S. 43.
[33] Vgl. Deutsche Bank/Bundesverband der Deutschen Industrie (2010), S. 8.

6

das Bargeld-Management der Institute, etwa durch eine Harmonisierung der Infrastruktur, reduziert werden. Aufgrund der erschöpfenden Darstellung in der Literatur wird an dieser Stelle auf eine weitere Erläuterung der Instrumente verzichtet.[34] Gleichwohl soll Abbildung 2 einen komprimierten Überblick ermöglichen.

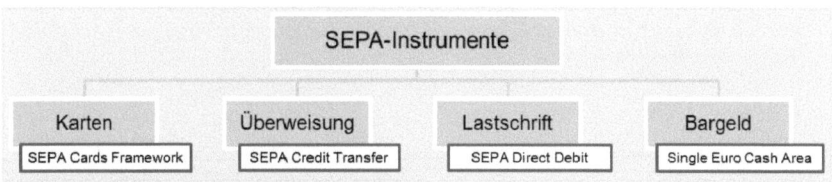

Abbildung 2: Die SEPA-Instrumente im Überblick.
Quelle: Eigene Darstellung.

Eine der größten Herausforderungen für den einheitlichen Euro-Zahlungsverkehrsraum liegt in der bisher fehlenden Akzeptanz der Nutzer. Der Kreditwirtschaft, auch in Deutschland, fällt es schwer, ihre Kunden von den Vorteilen der SEPA zu überzeugen. Folglich wurden im März 2011 nicht einmal 17 Prozent aller Überweisungen in der EU im SEPA-Format ausgeführt. Bei den Lastschriften liegt der Anteil sogar bei unter 0,1 Prozent.[35] Der ursprünglich geplante marktgetriebene Übergang gilt mithin als gescheitert.[36] Die deutschen Institute fordern ihrerseits eine aktive Förderung des politisch gewollten Projekts durch die öffentliche Hand.[37] Ein Blick zu den Vorreitern unter den europäischen Ländern verdeutlicht den Erfolg eines solchen Vorgehens: In Luxemburg werden bereits ausschließlich SEPA-Überweisungen ausgeführt. Selbst in Griechenland liegt beispielsweise der Anteil der neuen Lastschrift bei 85 Prozent.[38] Um den Übergang zu beschleunigen, wird derzeit über ein gesetzliches Enddatum diskutiert.

Weiterhin gilt es, die Rechtsunsicherheit bezüglich der Mandatsmigration von der deutschen Einzugsermächtigung auf die einheitliche Basis-Lastschrift zu beseitigen. Hierzu fehlt es noch immer an geeigneten Rahmenbedingungen, die beispielsweise die automatische Mandatskonvertierung, das heißt die Umstellung vom nationalen Verfahren auf die SEPA-Lastschrift ohne erneute Einholung der Kundenunterschrift, ermöglichen.[39]

---

[34] Vgl. beispielsweise Deutsche Bundesbank (2011a), S. 4 ff. und European Payments Council (2011).
[35] Vgl. Europäische Zentralbank (2011d).
[36] Vgl. Capgemini/RBS/EFMA (2011), S. 23.
[37] Vgl. Bundesverband deutscher Banken (2011), S. 13.
[38] Vgl. Europäische Zentralbank (2011b), S. 5.
[39] Vgl. Fieseler (2009), S. 12 ff.

3. Auswirkungen auf das deutsche Bankensystem

Grundsätzlich können alle an der SEPA teilnehmenden Banken ihre ZV-Dienstleistungen europaweit anbieten. Darüber hinaus besteht die Möglichkeit, die im Kapitel 2 vorgestellten harmonisierten Instrumente um weitere Leistungen, die so genannten Mehrwertdienste, zu ergänzen. Insgesamt steht der Kreditwirtschaft somit ein 32 Länder umfassender Markt mit mehr als 458 Millionen Menschen und circa 20 Millionen Unternehmen – ausgestaltet mit einem einheitlichen Rechtsrahmen, freiem und gleichem Marktzugang sowie identischen technischen Standards – offen.[40] Die mithin zu erwartenden Auswirkungen auf das deutsche Bankensystem werden im aktuellen Kapitel beleuchtet.

3.1 Erhöhung von Markttransparenz und Wettbewerb

Grundlage für den Erfolg des einheitlichen Euro-Zahlungsverkehrsraumes ist ein funktionierender Wettbewerb.[41] Dementsprechend sind die regulatorischen Rahmenbedingungen darauf ausgelegt, den Wettbewerb zu beleben.[42] Vor Einführung der PSD und deren Umsetzung in deutsches Recht im Jahre 2009 waren Zahlungsverkehrs-Dienstleistungen ausschließlich Kreditinstituten vorbehalten.[43] Die EU änderte diese Praxis, indem sie den Markt auch für Anbieter, welche nicht das gesamte Spektrum an Bankleistungen abdecken, öffnete. Die Margen im Zahlungsverkehr deutscher Banken könnten demnach sowohl durch die nunmehr paneuropäische Konkurrenz als auch durch die Möglichkeit der Neugründung von "Zahlungsinstituten", etwa durch Handelsunternehmen, beziehungsweise sonstiger Markteintritte unter Druck geraten. Hinzu kommt die durch die Harmonisierung der Rahmenbedingungen spürbar erhöhte Transparenz der Geschäftsmodelle, speziell der Kosten- und Preisstrukturen.[44]

Insgesamt kann der steigende Wettbewerb zusammen mit der erhöhten Transparenz und ergänzt durch hohe Kosten für die SEPA-Infrastruktur zu einer weiteren Konsolidierung unter den europäischen ZV-Dienstleistern führen. In der Literatur wird übereinstimmend eine Welle von Übernahmen, Kooperationen und Fusionen vorhergesagt.[45] Eine Umfrage unter Bankenvertretern aus dem Jahr 2005 prophezeite gar, dass 2010 nur noch 7 der seinerzeit 15 Clea-

---

[40] Vgl. Europäische Zentralbank (2011c) und Europäische Kommission (2007), S. 1 ff.
[41] Vgl. Dippel et al. (2008), S. 3.
[42] Vgl. Deutsche Bundesbank (2006), S. 2.
[43] Vgl. ders. (2011a), S. 7.
[44] Vgl. Steinbach/Syrbe (2008), S. 76.
[45] Vgl. Brandt/Knopf (2007), S. 61 und Steinmüller (2009), S. 49 sowie Refflinghaus (2010), S. 28.

ringhäuser in Europa bestehen würden.[46] In- und Outsourcing-Strategien sowie Joint-Venture seien der Schlüssel zum SEPA-Erfolg.[47]

Die von der EU-Kommission erwünschte Konsolidierung birgt nachvollziehbare Vorteile. Zahlungsverkehrssysteme sind von hohen Netzwerk- und Skalenerträgen geprägt, das heißt sie sind vor allem bei hohen Marktanteilen rentabel.[48] Sinkende Stückkosten, die durch einen Binnenmarkt für Zahlungsverkehr entstehen, müssen infolge des Konkurrenzdrucks an die Kunden weitergegeben werden. Eine Studie aus dem Jahre 2007 mag einen Eindruck dieses Potentials vermitteln. Demnach steigen die Kosten der Institute bei einer Verdoppelung des Transaktionsvolumens lediglich um 22 Prozent.[49] Unabhängig von den beschriebenen Kostenvorteilen kann der Wettbewerb zu technologischem Fortschritt, also beispielsweise effizienteren Abwicklungssystemen, sowie der Entstehung neuer Geschäftsmodelle und Produkte, wie "E-Invoicing", dem elektronischen Rechnungsaustausch, führen. Aus solchen Innovationen innerhalb des Bankensystems ließen sich erneut nicht zu unterschätzende Vorteile und Wachstumsimpulse für die gesamte europäische Wirtschaft ableiten.

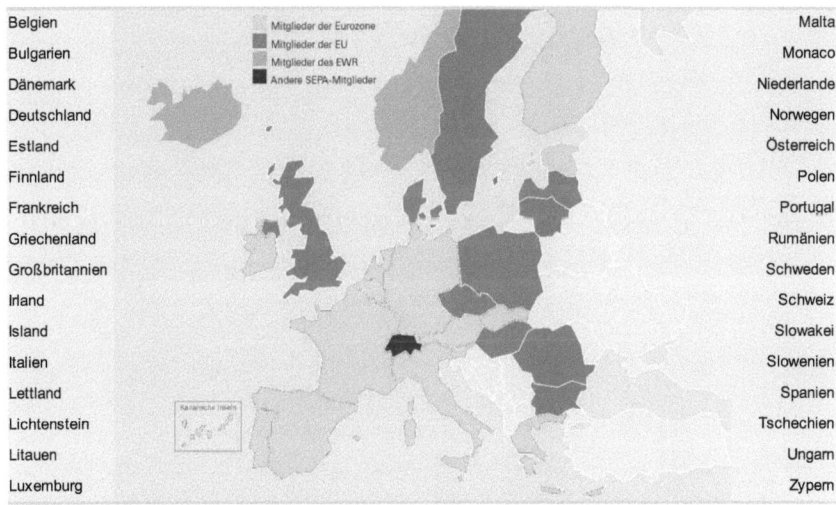

Abbildung 3: Der SEPA-Raum und die teilnehmenden Staaten (Stand 06/2011).
Quelle: Eigene Darstellung in Anlehnung an Deutsche Bank/Bundesverband der Deutschen Industrie (2010), S. 3.

---

[46] Vgl. TowerGroup (2005), S. 19 f.
[47] Vgl. Schmiedel (2007), S. 7.
[48] Vgl. Deutsche Bundesbank (2011b), S. 7.
[49] Vgl. Beijnen/Bolt (2007), S. 11 f.

Da erst mit beträchtlichen Stückzahlen Skalenerträge realisiert werden können, wird es zu einer Konzentration der Verarbeitung kommen. Kleinere Institute werden vor der Entscheidung stehen, sich auf Nischenprodukte im Zahlungsverkehr zu konzentrieren oder diese Leistung an andere Marktteilnehmer fremdzuvergeben. Demzufolge werden eher die großen, multinationalen Banken von den beschriebenen Entwicklungen profitieren.[50] Auch den deutschen Instituten entstehen somit Chancen. Sie sind traditionell abwicklungsstark und könnten sich entsprechend gut im europaweiten Wettbewerb positionieren.

Gleichwohl ist davon auszugehen, dass der Wettbewerbseffekt während der Migrationsphase (siehe Abbildung 1, S. 3) noch keine bedeutsamen Auswirkungen haben wird.[51] Aus diesem Grund – und wegen der erhöhten Belastungen durch den Parallelbetrieb der nationalen und neuen SEPA-Abwicklungssysteme – ist eine, gegebenenfalls begünstigt durch ein gesetzliches Enddatum, kurze Übergangsphase anzustreben. Tatsächlich sind weder in Deutschland noch im übrigen Europa Gründungen der neuen Zahlungsinstitute feststellbar. Auch konventionelle deutsche Banken bieten ihre ZV-Leistungen nicht neu europaweit an, dazu fehlt es bisher schlicht an der Nachfrage nach SEPA-Produkten. Folglich ist noch keine Verschiebung von Volumina unter den (heimischen) Marktteilnehmern zu beobachten. Ohnehin sprechen einige Gründe gegen das in der Literatur beschworene Outsourcing: ZV-Erträge sind selbst in Krisenzeiten relativ stabile Ertragsbausteine, die Möglichkeit der Kundenbindung ist hoch und die Eigenkapitalrendite durchaus zufriedenstellend.[52] Insofern kann es kaum verwundern, dass der Trend, selbst bei kleineren Banken, wieder weg von der Fremdvergabe geht. Service und Kundenbindungen scheinen bedeutender als Kosteneinsparungen. Ob sich diese Entwicklung auch nach der vollständigen Integration des ZV-Marktes durchhalten lässt, bleibt indes abzuwarten.

Die Darstellungen verdeutlichen, dass die erläuterte Verschärfung von Wettbewerb und Transparenz signifikante Auswirkungen auf die Banken in Deutschland und Europa haben könnte – spürbare Veränderungen bisher allerdings ausgeblieben sind.

---

[50] Vgl. Flommer (2010), S. 606 und Steinmüller (2009), S. 47.
[51] Vgl. Schmiedel (2007), S. 15.
[52] Vgl. Steinmüller (2009), S. 48.

3.2 Einfluss auf das Ergebnis der Kreditinstitute

Laut Deutscher Bundesbank ist der einheitliche Euro-Zahlungsverkehrsraum in seiner Dimension mit der Währungsunion und der Jahrtausendumstellung vergleichbar.[53] Insofern ist nicht zu erwarten, dass SEPA spurlos an den Ergebnissen der Kreditinstitute vorübergehen wird. Positive und negative Effekte auf ebenjene sollen – auch vor dem Hintergrund der Schilderungen im vorherigen Unterkapitel – in den nun folgenden Ausführungen gegeneinander abgewogen werden.

Die Einschätzungen zum Umfang der Auswirkungen sind in der Literatur durchaus unterschiedlich. Sie reichen von einem überschaubaren Einfluss auf den Gewinn einer durchschnittlichen europäischen Bank bis zu erheblichen Belastungen für die Jahresabschlüsse.[54] Bei den in Unterkapitel 2.2 genannten 123 Mrd. Euro zu erwartenden Wohlfahrtsgewinnen durch SEPA handelt es sich um eine Nettoposition. Die Differenz zur von der Studie errechneten Bruttosumme beträgt 52 Mrd. Euro und stellt die Einnahmeverluste der Bankenbranche und somit ihren Finanzierungsbeitrag für das Gesamtprojekt dar.[55] Daraus ergibt sich die Frage, wie sich die Gewinne der Banken aus dem Zahlungsverkehr zusammensetzen und welcher Einfluss auf die einzelnen Positionen über den Zeithorizont durch SEPA zu erwarten ist.

Kreditinstitute generieren ihre ZV-Erträge im Wesentlichen aus Produkt- und Transaktionsentgelten sowie mittels Zins- und Floatgewinnen.[56] Die ersten beiden Ertragspositionen werden vorrangig durch die im vorhergehenden Unterkapitel geschilderten Effekte, also durch Wettbewerb und Transparenz, unter Druck geraten, während die beiden Letztgenannten primär durch Folgen der Regulierung eingeschränkt werden.[57] Hier wirkt sich beispielsweise die in der PSD festgeschriebene kürzere Überweisungslaufzeit, nämlich ab 2012 maximal ein Bankarbeitstag, und die sich somit verkürzende Zeitspanne zwischen Belastung und Gutschrift besonders negativ aus. Außerdem könnten Nutzer angesichts der zügigen Ausführungsfristen von den bislang genutzten hochpreisigen Eilüberweisungen auf die günstigeren Massenzahlungssysteme wechseln.[58] Zu diesen im laufenden Betrieb anfallenden Belastungen kommen Kosten für die Implementierung der SEPA. Die EU-Kommission geht davon aus, dass die Banken allein für deren Einführung 10 Mrd. Euro aufwenden mussten. Für die Um-

---

[53] Vgl. Deutsche Bundesbank (2006), S. 1.
[54] Vgl. Schmiedel (2007), S. 15.
[55] Vgl. Flommer (2010), S. 606.
[56] Vgl. Steinbach/Syrbe (2008), S. 75.
[57] Vgl. Deutsche Bundesbank (2011a), S. 8.
[58] Vgl. Steinmüller (2009), S. 47.

setzung der PSD kamen 6 Mrd. Euro dazu.[59] Der überwiegende Teil davon verteilt sich auf die Anpassung der IT, die Einhaltung der neuen Informationsvorschriften, die Entwicklung neuer Produkte und die gegebenenfalls nötigen Änderung von Kundenverträgen.[60] Zusätzlich werden weiterhin Investitionen und Instandhaltungsaufwendungen für die existierenden Systeme, beispielsweise für die Abwicklung von nicht auf Euro lautenden Zahlungen, entstehen.

Über die tatsächlichen Aufwendungen, etwa speziell für die deutsche Bankenindustrie, existieren keine Angaben, so dass lediglich auf verschiedene ex-ante Studien mit europaweiter Ausrichtung zurückgegriffen werden kann (siehe Abbildung 4).

Zusammenfassend lässt sich feststellen, dass den Instituten während der Migrationsphase hohe Einmalaufwendungen entstehen werden – bei relativ unveränderten Umsätzen aus dem Zahlungsverkehr. Ist SEPA dann erst einmal Realität, das heißt die überwiegende Zahl der Transaktionen wird über die neuen Systeme abgewickelt und die bereits beschriebenen Wettbewerbseffekte greifen, ist eine Verschiebung der Belastungen, weg von einmaligen Kosten und hin zu kontinuierlich sinkenden ZV-Erlösen, zu erwarten. Studien prognostizieren einen Rückgang dieser Umsätze um 18 bis 29 Mrd. Euro jährlich.[61]

Ausgewählte SEPA-Auswirkungsstudien
Erwartete Investitionen in Mrd. Euro

Studie	Min.	Max.
Accenture/PSE Consulting (2006)	3	>8
Boston Consulting Group (2006)	0,5	5
Eurogroup/FBF (2007)	9,1	12
iflex-solutions/Financial Insights (2006)	5,4	5,4
TowerGroup (2005)	8	8
Durchschnitt	**5,2**	**>7,7**

Kosten — Gewinn — Umsätze

Migrationsphase | Ideal-SEPA

Abbildung 4: SEPA: Erwartete Belastungen und Verhältnis zu Einsparpotentialen.
Quelle: Eigene Darstellung in Anlehnung an Schmiedel (2007), S. 10 beziehungsweise 15.

Ungeachtet der beschriebenen Belastungen erwarten selbst Bankenvertreter substantielle Einsparungen durch den ZV-Binnenmarkt.[62] Diese tangieren ganz unterschiedliche Bereiche von der Bargeldwirtschaft über die Abwicklungssysteme bis zu möglichen Entlastungen bei den Personalkosten. Ein Beispiel, wie SEPA etwa ursprünglich durch Regulierung entstandene Kosten wieder senken kann, ist die zu Beginn des Unterkapitels 2.1 erläuterte EU-PreisVO.

---

[59] Vgl. Nehring (2010).
[60] Vgl. Steinmüller (2009), S. 47 und Engelke (2010), S. 73.
[61] Vgl. Schmiedel (2007), S. 8.
[62] Vgl. ebd., S. 9.

12

Diese schrieb die Abrechnung grenzüberschreitender Zahlungen innerhalb des EWR-Raums zu Inlandspreisen vor. Derartige künstliche Preise für die per se aufwendigeren Auslandstransaktionen waren jedoch kaum kostendeckend.[63] SEPA wird dieses Missverhältnis durch eine vergleichbare Effizienz von In- und Auslandszahlungen auflösen.[64] Darüber hinaus entstehen Chancen durch Reduzierung von arbeitsintensiven Leistungen im Rahmen der ohnehin nötigen Modernisierung der Zahlungsverkehrssysteme sowie durch Optimierung von mit der Abwicklung verbundenen Prozessen.[65] Bei der Bargeldverwaltung werden in einigen europäischen Staaten Einsparpotentiale von bis zu 25 Prozent, vor allem durch Harmonisierung und den Austausch von Best-Practice-Ansätzen, prognostiziert.[66] Für Deutschland mag diese Prognose zu optimistisch sein, nichtsdestotrotz können auch hierzulande größere Einsparungen verwirklicht werden. Neben einer höheren Effizienz der neuen Systeme werden alle Institute aufgrund der zukünftigen Konsolidierung im Zahlungsverkehrsbereich von Economies of Scale und Scope profitieren – entweder direkt als Anbieter von Zahlungsverkehrsleistungen oder, wenn dieser Bereich ausgegliedert wurde, aufgrund des Preiswettbewerbs sowie der Möglichkeit, die Abwicklung nun europaweit auszuschreiben.[67] Ein denkbarer "race to the bottom"-Preiswettbewerb sollte gleichwohl von den Marktteilnehmern vermieden werden.

Der einheitliche Euro-Zahlungsverkehrsraum wird demzufolge im Wesentlichen zwei (gegenläufige) Auswirkungen auf die Ergebnisse der deutschen Banken haben. Zum einen wird der Wettbewerbsdruck zu tendenziell sinkenden Stückgewinnen führen. Zum anderen ergeben sich, neben zusätzlichen Geschäftsmöglichkeiten, Chancen durch aufgrund von Skalen- und Lerneffekten sowie einheitlichen Standards sinkenden Kosten. Freilich werden die Kosteneinsparungen einen Teil der Belastungen kompensieren, sie können sie allerdings keinesfalls vollständig auffangen. Grundsätzlich ist zu erwarten, dass beide Effekte ihre volle Wirkung erst nach Abschluss der Migrationsphase entfalten werden. Bis dahin kann konstatiert werden, dass sich das deutsche Bankensystem durch SEPA – zumindest bislang – nicht verändert hat.

---

[63] Vgl. Koch/Weiß (2006), S. 421.
[64] Vgl. Europäische Zentralbank (2011b).
[65] Vgl. Boston Consulting Group (2006), S. 11 ff.
[66] Vgl. European Payments Council (2011) und Schmiedel (2007), S. 8.
[67] Vgl. Humphrey (2008), S. 252 f.

13

4. SEPA-Strategien ausgewählter deutscher Banken

Die im 3. Kapitel erläuterten Auswirkungen auf die Banken führen bei der heimischen Kreditwirtschaft zur Frage der strategischen Positionierung. Die denkbaren Alternativen reichen vom Outsourcen über die Profilierung als Nischenanbieter bis zur Tätigkeit als Insourcer.[68] Angesichts der hohen Initialkosten für SEPA wäre es sinnvoll, diese Entscheidung frühzeitig zu treffen. Dennoch haben die wenigsten Banken bis dato ein Konzept für den einheitlichen Euro-Zahlungsverkehrsraum, noch seltener sind konkrete SEPA-Produkte vorzufinden. Im folgenden Kapitel sollen daher die Strategien zweier Banken näher analysiert werden. Stellvertretend für die internationalen Großbanken wird die Deutsche Bank betrachtet. Als ein spezielles Beispiel für den Sparkassensektor stehen die Änderungen bei der WestLB im Mittelpunkt dieses Kapitels.

4.1 Die Deutsche Bank als globale Transaktionsbank

Die Deutsche Bank profitiert in besonderem Maße von den bisher vorgestellten Veränderungen. Als europäisch aufgestelltes Institut, unter anderem mit Auslandstöchtern in Italien und Spanien, führt die Reduzierung der existierenden Zahlungsformate und Abwicklungssysteme ceteris paribus zu Einsparungen. Durch die Harmonisierung können beispielsweise mehr als 95 Prozent der Schnittstellen zu Clearinghäusern eingespart werden.[69] Ferner wurde die Verarbeitung der Transaktionen weitestgehend automatisiert und an drei Standorten gebündelt. Die Bank hat somit die Chance, ihre regionale Präsenz in den einzelnen Ländern durch eine zentralisierte Zahlungsverkehrsinfrastruktur zu ergänzen. Folglich dürfte es für sie tendenziell leichter sein, nennenswerte Synergien und Skaleneffekte zu realisieren.

In Anbetracht der geschilderten Ausgangsposition kann es kaum verwundern, dass sich die Deutsche Bank selbst als "globale Transaktionsbank"[70] definiert. Die im Unterkapitel 3.1 ausgeführten Wettbewerbseffekte möchte die Bank nutzen, um den Marktanteil auszuweiten. Die dadurch entstehenden Skalenerträge sollen helfen, die Transaktionen effizient abzuwickeln sowie sinkende Preise an die Kunden weiterzureichen. Neben dem standardisierten Massenzahlungsverkehr liegt der Fokus auf den margenträchtigeren Mehrwertdiensten.[71] Derartige teilweise individuelle Lösungen sind vordergründig für Firmenkunden mit ihren komplexen

---

[68] Vgl. Capgemini/RBS/EFMA (2011), S. 52.
[69] Vgl. Lamberti/Steinmüller (2010), S. 33.
[70] Steinmüller (2009), S. 50.
[71] Vgl. ebd., S. 50.

14

Anforderungen an ZV-Dienstleistungen, etwa in Bezug auf das Liquiditäts- und Cash-Management, relevant.

Neben den Angeboten für ihre eigenen Privat- und Firmenkunden hält die Deutsche Bank bereits jetzt so genannte "White-Labelling-Services" für Kreditinstitute und ZV-Dienstleister bereit.[72] Diese erhalten die Möglichkeit, die Infrastruktur der Bank, beispielsweise für die SEPA-Überweisung oder weitere SEPA-Instrumente, zu nutzen. Zusätzlich können je nach Bedarf sämtliche oder ausgewählte Mehrwertdienste eingekauft werden. Die Institute, welche diese Angebote nutzen, benötigen freilich keine eigenen Abwicklungssysteme. Gleichwohl vergeben sie somit auch die Chance, falls überhaupt gewünscht, sich im Wettbewerb gegenüber den Leistungen der Deutschen Bank abgrenzen zu können. Vor dem Hintergrund der SEPA-Strategie der Deutschen Bank sind solche Services wiederum alternativlos, um die notwendigen Volumina und den mit ihnen verbundenen Economies of Scales zu erzielen.

4.2 Die WestLB als regionaler Premiumanbieter

Die Westdeutsche Landesbank Girozentrale (WestLB) ist, wie auch die Deutsche Bank, Mitglied in der deutschen Delegation des "EPC-Plenums" (siehe Anhang, S. 22).[73] Sie war somit von Beginn an in die Überlegungen zur SEPA eingebunden. Zu ihrer Philosophie gehört es, den Zahlungsverkehr grundsätzlich selbst abzuwickeln. Dieses Geschäftsfeld auszugliedern war folglich zu keinem Zeitpunkt eine Alternative, daran hat auch der einheitliche Euro-Zahlungsverkehrsraum nichts geändert. Vielmehr ist die WestLB ebenfalls als Insourcer tätig und bietet ihre Leistung grundsätzlich europaweit an. Im Kern werden allerdings ausschließlich die Transaktionen der ihr angeschlossenen Primärinstitute, also der Sparkassen in Nordrhein-Westfalen und Brandenburg sowie von wenigen Landesbanken, etwa der Landesbank Berlin, abgewickelt. Internationale Kunden existieren nicht. Es ist überhaupt bemerkenswert, dass die Bank zwar von einer Konsolidierung unter den Wettbewerbern ausgeht, jedoch keine Auswirkungen des zukünftig integrierten ZV-Binnenmarktes auf die eigenen Geschäftsumsätze erwartet. Eventuell ist diese Einschätzung auf die für die Landesbanken günstige Situation im Sparkassensektor zurückzuführen. Die einzelnen Kreditinstitute könnten dazu neigen, ihren Zahlungsverkehr nicht (europaweit) auszuschreiben, sondern, wie gewohnt, durch "ihre" jeweilige Landesbank abwickeln zu lassen. Freilich entstehen dadurch auch Wettbewerbsvorteile, etwa durch verbesserte Cut-off-Zeiten aufgrund des Clearings vieler Transaktionen, be-

---

[72] Vgl. Steinmüller (2009), S. 50.
[73] Vgl. Zentraler Kreditausschuss (2011).

reits innerhalb der Gruppe. Ungeachtet dieses Vorteils scheint auch der Preis der WestLB, zumindest im Vergleich zum Angebot der Bundesbank mit 0,0025 Euro, durchaus wettbewerbsfähig zu sein.[74] Neben dem Entgelt können Institute auch bei der Qualität ihrer Leistung punkten. Die WestLB setzt als einer der wenigen ISO-zertifizierten Marktteilnehmer auf eine entsprechend hohe Verarbeitungs- und Servicequalität. Dazu zählten bisher auch maßgeschneiderte Einzellösungen etwa für Firmenkunden. In Zukunft kann dieses Angebot durch Mehrwertleistungen ergänzt werden. Während die Bundesbank tendenziell wenig Bedarf für den typischen Sparkassenkunden sieht, kann sich die WestLB durchaus auch ein Interesse von Privatkunden an Mehrwertdiensten vorstellen. Beispielsweise könnte festgelegt werden, von wem Lastschriften eingezogen werden können und welche – unabhängig von der Kontodeckung – zurückgegeben werden sollen. Allein die Frage der Zahlungsbereitschaft der Kunden ist noch völlig offen. Es besteht zumindest die Gefahr, dass sich die Institute nach einem Wettbewerb um die innovativsten Dienste auf einem höheren Kostenlevel wiederfinden, ohne dieses durch zusätzliche Umsätze kompensieren zu können. Aufgrund der begrenzten geografischen Ausdehnung ihres Kundenstammes sowie des beschriebenen Selbstverständnisses hinsichtlich der Servicequalität kann die WestLB gewiss als regionaler Premiumanbieter bezeichnet werden.

Auch die Landesbank veröffentlicht keine Zahlen der ihr durch die SEPA-Umstellung entstandenen Kosten. Sie sollen sich jedoch im Rahmen der Erwartungen und Projektbudgets gehalten haben. Dies könnte als Indiz dafür gewertet werden, dass die im Unterkapitel 3.2 vorgestellten europäischen Studien zu den Belastungen der Institute auch in der Nachbetrachtung in ihrer Höhe als realistisch einzuschätzen sind.

---

[74] Vgl. Deutsche Bundesbank (2011c), S. 7.

16

5. Schlussbetrachtung

Das Ziel der Arbeit war es sowohl den aktuellen Stand der Migration als auch die mithin zu erwartenden Auswirkungen auf das deutsche Bankensystem zu analysieren. Ferner sollten Strategien zum Umgang mit den Veränderungen an konkreten Beispielen erörtert werden.

Aus den Darstellungen wird deutlich, dass zwar wesentliche Meilensteine auf dem Weg zum einheitlichen Euro-Zahlungsverkehrsraum erreicht sind, die SEPA jedoch noch keinesfalls als Realität bezeichnet werden kann. Insofern sind auch die Auswirkungen auf die deutsche Kreditwirtschaft bisher geringer als ursprünglich angenommen. Freilich waren bereits beträchtliche Ressourcen für die Umstellung und den im Vorfeld notwendigen intensiven Austausch innerhalb der Branche erforderlich. Die eigentlich intendierten Entwicklungen, also Konsolidierung und Wettbewerbsintensivierung, sind bisher im Wesentlichen ausgeblieben. Dazu fehlt es insbesondere an der Akzeptanz der potentiellen Nutzer und den damit einhergehenden Transaktionsvolumina auf den neuen Abwicklungssystemen. Dennoch bleibt festzuhalten, dass es – ungeachtet der aktuellen Herausforderungen – in wenigen Jahren keinen deutschen, spanischen oder französischen, kurz keinen nationalen Zahlungsverkehr mehr geben wird. Die Zahl der Institute, die diese Leistung selbst betreiben, wird abnehmen. Vor diesem Hintergrund bleibt abzuwarten, ob sich auch kleinere beziehungsweise eher regionale Anbieter, wie die Landesbanken, am Markt werden behaupten können oder sich etwa ein Oligopol von Anbietern im europäischen Zahlungsverkehr etablieren wird.

Ein interessanter nächster Schritt wäre es, die Analyse stärker auf die angesprochenen Mehrwertdienste zu konzentrieren. Hier könnten besonders erfolgversprechende und rentable Zusatzleistungen – beispielsweise differenziert nach Kundengruppen – identifiziert werden.

Schließlich darf nicht vergessen werden, dass SEPA nur ein Element aus dem umfangreichen Bereich des Zahlungsverkehrs darstellt. Längst stehen die Banken vor neuen Trends, etwa dem bargeldlosen Bezahlen per Mobiltelefon, bei dem sie Chancen und Herausforderungen abschätzen und geeignete Konzepte entwickeln müssen. Das Thema Zahlungsverkehr wird folglich nie vollständig abzuschließen sein. Eine gute ZV-Strategie muss sich vielmehr kontinuierlich an den sich entwickelnden Markt anpassen lassen.

17

Literaturverzeichnis

Beijnen, Christine / Bolt, Wilko (2007): "Size Matters: Economies of Scale in the European Payments Market", De Nederlandsche Bank Working Paper Series, Nr. 155, 11/2007, Amsterdam.

Bolt, Wilko / Schmiedel, Heiko (2011): "Pricing of payment cards, competition, and efficiency: a possible guide for SEPA", in: Annals of Finance, S. 63 – 84.

Boston Consulting Group (2006): "Navigation to Win – Global Payments 2006", http://www.bcg.com/documents/file14789.pdf von Mai 2006, recherchiert am 07.06.2011.

Brandt, Werner / Knopf, Andreas (2007): "SEPA – Der neue europäische Zahlungsverkehr", in: Praxishandbuch Treasury-Management 2007, Kapitel 1, S. 55 – 76.

Bundesverband deutscher Banken (2010): "SEPA – Einheitliche Zahlungsinstrumente für Europa", 4., aktualisierte Auflage, Berlin.

Bundesverband deutscher Banken (2011): "SEPA – Realisierung des einheitlichen Euro-Zahlungsverkehrsraumes: Meilensteine der SEPA-Integration", Zahlungsverkehrs-Symposium der Deutschen Bundesbank 2011, http://www.bundesbank.de/download/zahlungsverkehr/zv_symposium_2011/vortrag_massenberg.pdf vom 23.05.2011, abgerufen am 24.05.2011.

Capgemini / Royal Bank of Scotland / EFMA (2011): "World Payments Report 2010", Paris/London.

Deutsche Bank / Bundesverband der Deutschen Industrie (2010): "SEPA-Leitfaden: Der bargeldlose Zahlungsverkehr in Euro", http://www.bdi.eu/publikationen_publikation-bargeldloser-zahlungsverkehr.htm, recherchiert am 06.05.2011.

Deutsche Bundesbank (2006): "SEPA – Die Vision wird Realität", http://www.bundesbank.de/download/zahlungsverkehr/20060828bbk.sepa.pdf vom 25.06.2006, recherchiert am 05.05.2011.

Deutsche Bundesbank (2011a): "SEPA – Der einheitliche Euro-Zahlungsverkehrsraum", http://www.bundesbank.de/zahlungsverkehr/zahlungsverkehr_sepa.php, abgerufen am 28.05.2011.

Deutsche Bundesbank (2011b): "Zahlungsverkehr Liquiditätsmanagement – Ein Blick in die Zukunft", Zahlungsverkehrs-Symposium der Deutschen Bundesbank 2011, http://www.bundesbank.de/download/presse/reden/2011/20110523.thiele.pdf vom 23.05.2011, abgerufen am 24.05.2011.

18

Deutsche Bundesbank (2011c): "Die Abwicklung von Massenzahlungen: Das Angebot der Deutschen Bundesbank", http://www.bundesbank.de/download/zahlungsverkehr/ zv_infoblatt_massenzahlungsverkehr.pdf, recherchiert am 13.06.2011.

Dippel, Roger / Lohmann, Mareike / Peschke, Norbert (2008): "SEPA", 1. Auflage, Köln.

Engelke, Clemens (2010): "Mehr als nur Zahlungsverkehr", in: Die Bank, Heft 06/2010, S. 70 – 73.

Europäische Kommission (2005): "Annex to the proposal for a Directive of the European Parliament and of the Council on Payment Services in the Internal Market; Impact Assessment", Dokumenten-Nr. SEK 2005/1535, http://www.europa.eu.int/comm/internal _market/payments/docs/framework/sec_2005_1535_en.pdf vom 01.12.2005, abgerufen am 03.05.2011.

Europäische Kommission (2007): "Richtlinie 2007/64/EG über Zahlungsdienste im Binnenmarkt", Amtsblatt der Europäischen Union, L 319 vom 13.11.2007, Brüssel.

Europäische Zentralbank (2010): "Seventh single euro payments area (SEPA) progress report", Stand: 10/2010, Frankfurt am Main.

Europäische Zentralbank (2011a): "Umsetzung der Zahlungsdienste-Richtlinie", http://ec.europa.eu/internal_market/payments/framework/transposition_de.htm vom 22.02.2011, recherchiert am 30.05.2011.

Europäische Zentralbank (2011b): "SEPA in der Praxis – Sicht der Europäischen Zentralbank", http://www.bundesbank.de/download/zahlungsverkehr/zv_symposium_2011/ vortrag_tumpel.pdf vom 23.05.2011, recherchiert am 24.05.2011.

Europäische Zentralbank (2011c): "SEPA / Elements / Legal basis", http://www.ecb.europa .eu/paym/sepa/elements/legal/html/index.en.html, recherchiert am 17.05.2011.

Europäische Zentralbank (2011d): "SEPA – Single Euro Payments Area, Key figures", http://www.ecb.europa.eu/paym/sepa/html/index.en.html, recherchiert am 03.06.2011.

European Payments Council (2004): "EPC Roadmap 2004-2010", http://melania. ceca.es/melania/gesgru.nsf/V003.11/697943D1119DECEEC12572DD003BF39C/ $file/EPC-Roadmap.pdf?OpenElement, recherchiert am 01.06.2011.

European Payments Council (2011): "SEPA payment instruments", http://www.european paymentscouncil.eu/index.cfm, recherchiert am 03.06.2011.

Fieseler, Bernd (2009): "Die Sepa-Lastschrift – Perspektiven für ein neues Zahlungsinstrument", in: Zeitschrift für das gesamte Kreditwesen, Nr. 17 vom 01.09.2009, S. 12 – 15.

19

Flommer, Roland (2010): "Single Euro Payments Area (SEPA) – Abschaltung nationaler Verfahren rückt in den politischen Brennpunkt", in: Betriebswirtschaftliche Blätter, 11/2010, Nr. 11, S. 606 – 609.

Humphrey, David (2008): "Reducing payment processing costs: Scale economies and SEPA", in: Journal of Payments Strategy & Systems, Vol. 2, Nr. 3, 04/2008, S. 250 – 258.

Koch, Christian / Weiß, Axel (2006): "Richtlinie über Zahlungsdienste im Binnenmarkt der EU-Kommission Kritische Vorschläge Brüssels zur Gestaltung der SEPA", in: Betriebswirtschaftliche Blätter, Juli 2006, Nr. 07, S. 420 – 426.

Lamberti, Hermann-Josef / Steinmüller, Werner (2010): "Perspektiven im Zahlungsverkehr – Die Deutsche Bank im Cash Management", in: cards, Nr. 2 vom 30.04.2010, S. 33 – 35.

Lammer, Thomas / Pammer, Markus (2006): "SEPA – Auf dem Weg zu einem einheitlichen Euro-Zahlungsverkehrsraum", in: Handbuch E-Money, E-Payment & M-Payment 2006, Part 2, S. 143 – 153.

Martin, Andreas (2009): "Sepa – Voraussetzungen für eine Erfolgsgeschichte", in: Zeitschrift für das gesamte Kreditwesen, Nr. 17 vom 01.09.2009, S. 40 – 42.

Möller, Ulrich (2008): "Praxisleitfaden – Außenhandel im Bankgeschäft", 1. Auflage, Bad Vilbel.

Nehring, Nico (2010): "Banken erwarten höhere Kosten für SEPA als für die PSD" vom 24.07.2008, aktualisiert am 29.01.2010, http://www.euractiv.com/de/finanzdienstleistungen/banken-erwarten-hhere-kosten-sepa-psd/article-174487, recherchiert am 05.06.2011.

Refflinghaus, Sven (2010): "Neue Anforderungen in der Bank-zu-Bank-Kommunikation", in: Zeitschrift für das gesamte Kreditwesen, Ausgabe Technik, Nr. 04 vom 15.11.2010, S. 27 – 28.

Schmiedel, Heiko (2007): "The economic impact of the Single Euro Payments Area", EZB Occasional Paper Series, No. 71, 08/2007, Frankfurt am Main.

Steinbach, Michael / Syrbe, Benjamin (2008): "SEPA – Herausforderungen und Chancen der Konsolidierung des europäischen Zahlungsverkehrs", in: Outsourcing in Banken, 11/2008, S. 69 – 92.

Steinmüller, Werner (2009): "Konsolidierung im deutschen Zahlungsverkehr - Notwendigkeit oder Chance?", in: Zeitschrift für das gesamte Kreditwesen, Nr. 17 vom 01.09.2009, S. 47 – 50.

TowerGroup (2005): "The European Payments Market: Working to Make Fragmentation Look Like Unity", London.

Zentraler Kreditausschuss (2011): "Organisation des Deutschen SEPA-Komitees", http://www.zka-online.de/zka/zahlungsverkehr/sepa/organisation.html, recherchiert am 01.06.2011.

Anhang

Überblick über das "Deutsche SEPA-Komitee"

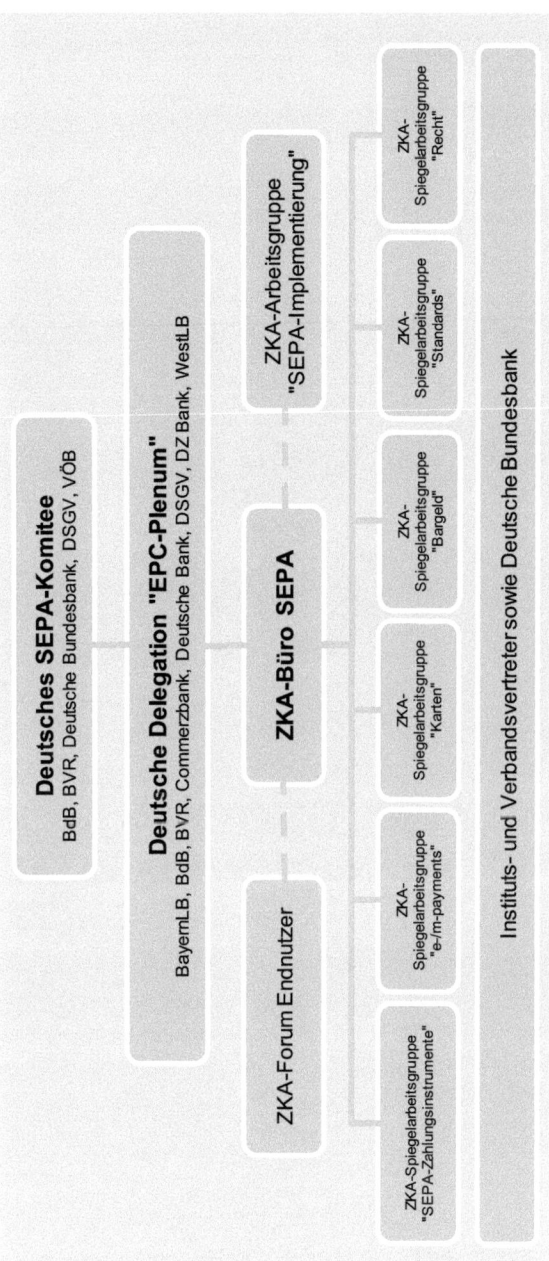

Quelle: Eigene Darstellung in enger Anlehnung an Zentraler Kreditausschuss (2011).

Payment Services Directive – Umsetzung in nationales Recht

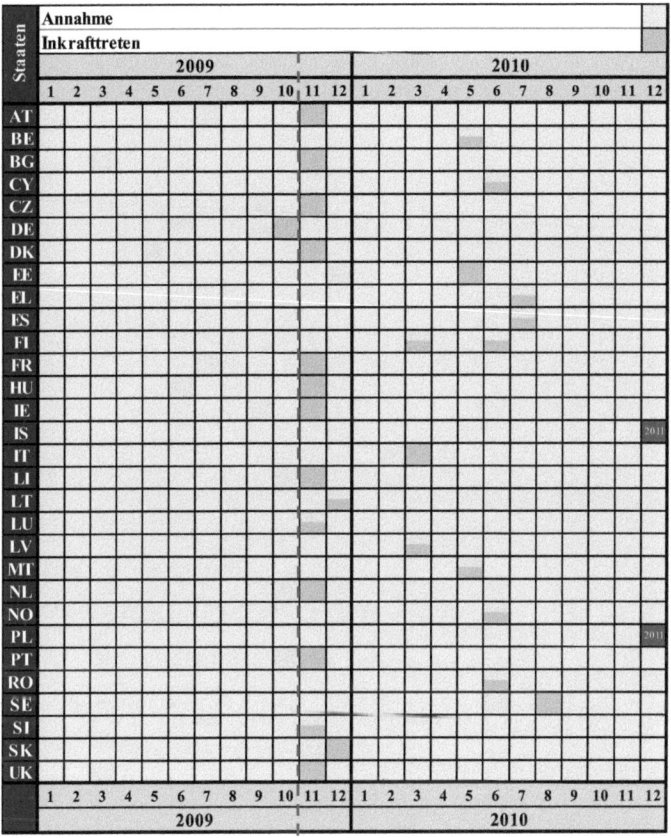

I Deadline zur Umsetzung der PSD in nationales Recht

Länder-Codes

AT	Österreich	FI	Finnland	MT	Malta
BE	Belgien	FR	Frankreich	NL	Niederlande
BG	Bulgarien	HU	Ungarn	NO	Norwegen
CY	Zypern	IE	Irland	PL	Polen
CZ	Tschechische Republik	IS	Island	PT	Portugal
DE	Deutschland	IT	Italien	RO	Rumänien
DK	Dänemark	LI	Liechtenstein	SE	Schweden
EE	Estland	LT	Litauen	SI	Slowenien
EL	Griechenland	LU	Luxemburg	SK	Slowakei
ES	Spanien	LV	Lettland	UK	Vereinigtes Königreich

Quelle: Eigene Darstellung in enger Anlehnung an Europäische Zentralbank (2011a).